Wie spreche ich mit meinem Kind über den Krieg?

Ich wünsche allen Familien aus der Ukraine, dass sie schnell wieder in ihre Heimat zurück können und die Kinder ein ganz normales Leben haben dürfen. Allen Drücke ich die Daumen, dass der Krieg schnell wieder vorbei ist!

Wie spreche ich mit meinem Kind über den Krieg?

Wichtige Tipps findet ihr in diesem Buch

INKEN DIETZMANN

© 2022 inken dietzmann

Buchsatz von tredition, erstellt mit dem tredition Designer

ISBN Softcover: 978-3-347-61712-4
ISBN Hardcover: 978-3-347-61713-1
ISBN E-Book: 978-3-347-61714-8
ISBN Großschrift: 978-3-347-61715-5

Druck und Distribution im Auftrag des Autors:
tredition GmbH, Halenreie 40-44, 22359 Hamburg, Germany

Das Werk, einschließlich seiner Teile, ist urheberrechtlich geschützt. Für die Inhalte ist der Autor verantwortlich. Jede Verwertung ist ohne seine Zustimmung unzulässig. Die Publikation und Verbreitung erfolgen im Auftrag des Autors, zu erreichen unter: tredition GmbH, Abteilung "Impressumservice", Halenreie 40-44, 22359 Hamburg, Deutschland.

Herausgeberin Inken Dietzmann

Ich bin Autorin und Berate aus der Betroffenenperspektive alle Eltern und Familien zu den Themen Jugendamt und Kindererziehung. Meine Beratung bezieht sich auf die Online sowie Persönliche Beratung. Ich verfasse gerne Bücher. Da ich selbst Mama eines Kindes bin, will ich Euch anhand meiner Beratung sowie meinen Büchern helfen und unterstützen, besonders wenn es mit dem Jugendamt Probleme gibt. Aus der Erfahrung die ich sammeln konnte weis ich, wie man am besten mit dem Amt umgehen kann. Mein Wohnsitz ist in Erfurt. Im Impressum findet Ihr meine Daten. Gerne könnt Ihr Euch einen Termin bei mir vereinbaren, im Umkreis von Erfurt, biete ich auch Hausbesuch an.

Kommen wir zu einem Thema, welches leider die ganze Welt, insbesondere unsere Kinder in Sorge, Angst und Panik versetzt.

Der Krieg! Wie erkläre ich es meinen Kindern und wie erleben die Kinder diesen Krieg?

Schon fast fünfzig Jahre hält der Frieden in Zentraleuropa. Aber in unmittelbarer Nachbarschaft, im ehemaligen Jugoslawien, zählen die Menschen die Kriegsjahre. Es gibt auch 1994 Kinder, die in ihrer Kindheit den Krieg teilen müssen. Den Verantwortlichen, ist das Schicksal der Kinder gleichgültig. Die Kinder sind Machtlos, haben Angst, sie haben Erinnerungen die nicht vergessen werden können. Unsere Kinder haben Sehnsucht nach Frieden. Der Krieg ist stark, er macht, was er will, stirbt nie, schläft nur manchmal und man darf nicht so laut sein, sonst wird er wach. Aber Kinder können ihn nicht wecken. Sie sind noch zu jung. Kinder haben mit ihrer Aussage recht: „ Der Krieg kommt vom Krach? Das kann nicht sein und stimmt auch nicht!" Die Kinder malen schreckliche Bilder, die Sanften Erdfarben unterstreichen die Verletzbarkeit.

Die Wut der Kinder

In der ehemaligen Sowjetunion, wenden sich die Kinder ab von kriegst reibenden Politikern und deren Hetzparolen. Wut und Verzweiflung über die Friedensunfähigkeit der Erwachsenen, lässt sie aufschreien und an die Politiker schreiben, gehen Demonstrieren. Die Kinder sind traurig, dass sie ihre Freunde verloren haben, ihr Zuhause, nicht mehr in die Schule gehen können, alles was ihnen Spaß macht, einfach von Panzern und Raketen zerstört.Sie verlieren ihre Familienangehörigen. Viele Kinder müssen auf die Flucht gehen, nur um ihr eigenes Leben zu retten! Der Papa wird schnell zum Soldaten herangezogen und die Kinder wissen nicht, kommt er lebend zurück?!

Warum gibt es den Krieg überhaupt? Kindgerecht erklärt!

Unsere Kinder stellen uns die Frage: „Mama, Papa? Warum gibt es den Krieg?" Wenn unsere Kinder solch eine Frage stellen, halten wir kurz inne. Wir wollen, dass unsere Kinder behütet aufwachsen und alles schlimme dieser Welt vor ihnen abschirmen, leider ist das nicht immer möglich. In diesem Abschnitt, erfahrt Ihr, wie man das schwierige Thema „Krieg" den Kindern erklären kann, damit sie es verstehen.

Konflikte können auf unsere Kinder beängstigend wirken. Im Gegensatz zu uns Erwachsenen, können sie nicht differenzieren, inwiefern der Krieg und die Zerstörungen uns direkt beeinflussen. Damit Ihr Euer Kind aufklären könnt, habe ich zunächst ein paar allgemeine Tipps zusammengestellt, die Ihr im Umgang mit dem schweren Thema beachten solltet:

1. Verwendet beim Erklären die Sprache Eurer Kinder. Sprecht mit Eurem Kind auf Augenhöhe und fragt nach, wenn es Begriffe wie selbstverständlich verwendet. Unsere Kinder schnappen häufig Worte auf und verwenden diese, ohne die Bedeutung zu kennen. Fragt immer wieder nach, damit ihr euch sicher sein könnt, dass euer Kind die Erklärungen verstanden hat.
2. Immer nur das erklären, wonach euer Kind fragt. Vermutlich rattert euer Kopf bereits und ihr überlegt fieberhaft, wie ihr religiöse und kulturelle Differenzen kindgerecht herunterbrechen könnt, wie ihr die Historie aufrollen könnt, um Militärschläge zu erklären und so weiter. In diesem Fall, ist es nicht notwendig. Euer Kind braucht jetzt klare Antworten, zu viele Informationen verwirren nur euer Kind.

3. Nichts verharmlosen, aber vermittelt eurem Kind ein Gefühl der Sicherheit. Das Gespräch dient dazu, die Fragen eures Kindes zu beantworten und ihm so die Angst vor dem Unbekannten zu nehmen. Sagt ruhig zu eurem Kind, das es, wenn es Fragen hat, zu euch kommen kann.

Was ist Krieg?

Kriege gibt es auf der Welt schon, seitdem es Menschen gibt. Immer wieder geraten Menschen aufgrund von Meinungsverschiedenheiten aneinander. Wenn sich Streitereien nicht mit Worten klären lässt, versuchen es manche mit Gewalt. Ein Streit führt zum Krieg, wenn Länder oder Gruppen zu Waffen greifen und sich gegenseitig bekämpfen.

Warum gibt es Krieg?

Grundsätzlich werden Kriege geführt, weil Regierungen oder Machthaber eines Landes der Meinung sind, auf diese Weise ihre Ziele schneller oder besser zu erreichen, als mit friedlichen Verhandlungen und Gesprächen. Manchmal wollen Länder oder Gruppen die eigene Macht vergrößern. Dazu kämpfen sie zum Beispiel um ein Stück Land. Oder sie kämpfen, weil sie einem bestimmten Gebiet das sagen haben wollen. Es kommt auch vor, dass sich eine Gruppe gegen eine andere Gruppe verteidigen will und deswegen gewalttätig wird. Manchmal kämpfen Gruppen auch gegen die Regierung des eigenen Landes, zum Beispiel, wenn sie sich unterdrückt und ungerecht behandelt fühlen. In diesem Fall möchte die Gruppe die Regierung von der Macht abbringen. Kurz gesagt: So viele unterschiedliche Gründe es für Konflikte gibt, so viele gibt es, um Kriege zu führen.

Was passiert in einem Krieg?

Während eines Krieges, kämpfen zwar die Soldaten eines Landes oder einer Gruppierung gegeneinander, aber da die Kämpfe meist in bewohnten Gegenden stattfinden, leiden besonders Unbeteiligte unter Gewalt. Städte, Straßen und Häuser werden kaputt gemacht und zerstört, Familien getrennt, im schlimmsten Fall für immer. Um die Zivilbevölkerung, so werden die Unbeteiligten genannt, vor dem Ausmaß eines Krieges zu beschützen, gibt es die sogenannten Genfer Konventionen. Das sind Abkommen – eine Art Versprechen – von knapp 196 Staaten, die zugesichert haben, die Menschen im Falle eines Krieges zu beschützen. Sie regeln auch, welche Art von Waffen im Krieg eingesetzt werden dürfen. Auf diese Weise sollen viele Menschen beschützt werden. Leider halten sich nicht alle Länder daran. Kriege sind etwas Schlimmes und haben schwere Folgen für die Menschen, Umwelt, Politik und Wirtschaft eines Landes. Häufig dauert es eine lange Zeit, bis sich ein Land von den Folgen eines Krieges erholt hat. Manche Menschen, die viel verloren haben, erholen sich gar nicht davon. Zu den Waffen gehören zum Beispiel Panzer, Raketen, Hubschrauber.

Wie geht ein Krieg zu Ende?

Bei einem Streit ist Gewalt keine Lösung, das sehen früher oder später zum Glück auch die Kriegsführenden ein. Die Kämpfe hören dann auf und die verfeindeten Länder vertragen sich wieder. Sie schließen Frieden und versprechen, nicht mehr gewalttätig untereinander zu werden. Obwohl viele Länder in der Vergangenheit Krieg geführt haben, heißt das nicht, dass sie für immer zerstritten sind. Lange Zeit galten zum Beispiel Deutschland und Frankreich als Feinde. Beide Länder führten viele Kriege, bis sie endlich Frieden schlossen. Heute arbeiten Deutschland und Frankreich eng zusammen und versuchen, sich in gemeinsamen Projekten gegenseitig zu unterstützen. Krieg ist ein schwieriges Thema, dennoch ist es wichtig, dass wir unsere Kinder darüber aufklären, wenn sie mit ihren Sorgen und Fragen auf uns zukommen. Nur so, können wir ihre Ängste nehmen und ihnen Sicherheit vermitteln.

Wenn eure Kinder euch fragen zum aktuellen Krieg in der Ukraine

Das ist eure Antwort:

„Ein Mann in einem großen Land will in einem anderen Land bestimmen und deshalb führt er Krieg, das ist aber verboten. Die ganze Welt ist eigentlich gegen ihn und deshalb protestieren viele Menschen."

Ab welchem Alter, kann man den Krieg erklären?

Schon Kinder unter drei Jahren bekommen mit, wenn etwas los ist. Meist belastet sie das nicht so stark oder sie spielen Auszüge aus dem, was sie mitbekommen das Ereignis nach, sodass man darauf eingehen kann. Kurze Erklärungen reichen meist aus, damit die Kinder es einordnen können. Zum Beispiel könnt ihr sagen: „Ja, das stimmt, es ist was los, in einem Land, das weit weg von uns ist. Da wird gekämpft." Das Kind wird vielleicht nicht alle Worte und den Zusammenhang verstehen oder einordnen können, es ist aber wichtig, dass ihr euer Kind ernst nehmt und ihm versichert: „Wir sind hier sicher!"

Ab drei bis vier Jahren kann man ohne übermäßige Emotionen und ruhig die aktuelle Situation erklären, das der Mann in dem anderen Land, er heißt Wladimir Putin Krieg führen tut, da er alleine bestimmen will. Alle Länder sagen diesem Mann, dass er aufhören soll, leider hört er nicht auf.

Vier bis fünfjährige, haben oft schon Bilder von einem Krieg im Kopf, daher ist es wichtig, sich erzählen oder malen zu lassen, was sie sich vorstellen. In diesem Alter spielen die Kinder die Szenen nach. Wenn man das sieht, kann man gut in das Thema einsteigen, ohne dem Kind „aufzudrücken". Und auch hier lässt sich wieder mit einfachen Worten erklären, dass in einem anderen Land gekämpft wird. Zudem kann man ergänzen, dass der Krieg für uns keine Gefahr darstellt, dass aber deshalb gerade viele Mütter mit ihren Kindern nach Deutschland kommen, damit sie nicht verletzt werden. Sobald der

Krieg vorbei ist, gehen sie wieder in ihre Heimat. Die allerwichtigste Botschaft an unsere Kinder : *„DU BIST SICHER!"*

Ab fünf oder sechs Jahren, kommen die Kinder schon häufiger auf Erwachsene zu und sagen, dass sie etwas gesehen oder gehört haben, zum Beispiel, dass jemand geschossen hat und ein anderer gestorben ist. In solchen Fällen, ist es wichtig, dem Kind gegenüber Empathie zu zeigen, die Erklärung aber gleichzeitig emotionslos zu gestalten: „Ja, es passiert in einem Krieg, dass Menschen sterben, deswegen werden viele Menschen aus dem Land geholt. Einige Frauen und Männer bleiben um zu kämpfen." Solch eine sachliche Erklärung ist wichtig und man kann dem Kind dann immer wieder klar machen, dass es hier sicher ist. Unsere Kinder können ihre Gefühle zum Thema Krieg oft nicht in Worte fassen. Über das Nachspielen, können sie die Bilder besser verarbeiten, insbesondere wenn ein Erwachsener dabei ist, mit dem sie reden können. Haben sie ihre Bilder im Kopf artikuliert und darüber geredet, haben viele Kinder das Thema erst mal für sich geklärt.

Vorschulkinder haben mit sehr großer Wahrscheinlichkeit schon etwas zum Thema Krieg mitbekommen, eventuell wurde es im Kindergarten mal angesprochen und dann schnell wieder weg geordnet, da es die Kinder nicht betrifft. Es kommt darauf an, wie weit das Kind ist und was es schon kennt. Es gibt in der ersten Klasse Kinder, die regelmäßig Kindernachrichten schauen.

Wenn die Kinder über Gespräche zwischen den Erwachsenen mit dem Thema Krieg in Berührung kommen, ist das für sie erstmals nicht ungewöhnlich, da Kinder ein Teil unserer Gesellschaft sind und immer wieder Gesprächsfetzen hören, die nichts mit ihnen Zutun haben. Wenn sie nachfragen, kann man die Dinge vereinfacht erklären. Das nutzen die Kinder um ihre Emotionen richtig einordnen zu können. Damit entsteht keine Überforderung.

Was ihr machen könnt, wenn euer Kind schlimme Bilder gesehen hat

Bei Bildern, insbesondere solchen, die Verletzungen zeigen, kann es bei ihnen zu einer Angstreaktion kommen. Die Kinder zittern am ganzen Körper, gehen schnell aus dem Zimmer oder fangen an zu weinen. Ganz schwer sind Bilder, bei denen man Kinder mit einem Verband um den Kopf und vielleicht sogar Blut zeigt. Es gibt auch Bilder, bei denen ein Kind bewusstlos auf einer Liege liegt und vier Erwachsene um das Kind herumstehen. Solche Bilder gehen durch die sozialen Netzwerke. Aktuell muss man sehr aufmerksam sein, dass Drei-, Vier- oder Fünfjährige nicht aus Versehen das Handy in die Hand bekommen, es ist wichtig, sichere Apps wie die Elefantenapp zu nutzen und nicht auf YouTube oder ähnliche Plattformen zu gehen. In einer Studie zum Krieg gegen die Ukraine, berichteten selbst 12 Jährige, wie sie von den Bildern Albträume bekommen, die die Versuche zeigten, ein Kind zu reanimieren oder Bilder mit Panzern und Raketen in der Stadt. Anzeichen für eine traumatische Erfahrung sind zum Beispiel Einschlafschwierigkeiten oder Albträume und können sich in gemalten Bildern äußern, in denen der Rote Stift viel benutzt wird und Blut aus einem Menschen fließt. Das Kind versucht damit, seine Emotionen zu regulieren. Denn es reicht ein einziges verstörendes Bild aus, um traumatische Erfahrung hervorzurufen. Das Bild kann dann nicht verarbeitet werden, bleibt in einem Zwischenraum im Gehirn hängen und kommt in verschiedenen Situationen hoch, wo es nicht hingehört. Daher ist es wirklich wichtig, dass die Kinder Raum bekommen, mit ihren Gefühlen umzugehen. Erwachsene können ihnen dann auf der einen Seite Sicherheit für sich selbst garantieren und auf der anderen Seite vorschlagen, selbst aktiv zu werden.

Bei der Aufarbeitung ist es für Eltern wichtig, ruhig zu bleiben und mit dem Kind ins Gespräch zu kommen. Man kann nachfragen: „Hast du etwas gesehen oder gehört, was dir Sorgen macht?" Generell ist es wichtig, dem Thema Zeit zu geben, in Kontakt zu bleiben und mit dem Kind bei der Verarbeitung der Erfahrung zur Seite zu stehen. Es ist sehr wichtig, immer wieder zu vermitteln, dass den Betroffenen Kindern geholfen wird.

Nehmt die Emotionen eurer Kinder ernst

Da das Thema Krieg in Deutschland für die meisten Kinder bisher keine Rolle gespielt hat, ist es nicht verwunderlich, dass es bei ihnen Unsicherheiten, Sorgen und Ängste auslöst. Daher ist es wichtig, die Emotionen der Kinder ernst zu nehmen und zu versuchen, sie mit ihnen gemeinsam anzuschauen. Es sollten Räume geschaffen werden, in denen die Kinder ihre Ängste ausdrücken können. Vielen Kindern hilft es, ihre Gefühle durch Malen nach außen zu bringen. So könnt ihr mit eurem Kind mit weiteren Erklärungen helfen, mit diesen Gefühlen umzugehen.

Vermittelt euren Kindern Sicherheit

Für eure Kinder ist es wichtig zu wissen, dass sie hier in Deutschland erst einmal in Sicherheit sind. Dieses Gefühl solltet ihr ihnen auf jeden Fall vermitteln. Welche Erklärungen da helfen, kann von Kind zu Kind unterschiedlich sein. Manchen Kindern hilft es, die Informationen, dass sich ganz viele Politiker zusammen geschlossen haben und versuchen, dem Krieg ein Ende zu bereiten. Andere Kinder lassen sich beruhigen, indem sie auf der Karte sehen, wie weit die Ukraine von Deutschland entfernt ist. Bei jüngeren Kindern kann es hilfreich sein zu erklären, dass viele Menschen extra zu uns kommen, um in Sicherheit zu sein. Auch den Alltag so weiter führen, wie er bisher war, hilft. Den die Strukturen geben Halt und zeigen Normalität.

Nutzt mit euren Kindern Angebote

Bei Kindern im Grundschulalter, die viele Fragen zum Krieg haben, ist es sinnvoll, gemeinsam altersgerechte Nachrichten zu schauen. Hier gibt es, je nach Alter, verschiedene Angebote für die Kinder: „Neuneinhalb" oder „Logo", aber auch „Die Sendung mit der Maus" zum Thema Ukraine Krieg. Bitte achtet darauf, dass nicht zu viel an Nachrichten an eure Kinder gelangen, das wäre fatal. Nach den Nachrichten, sprecht mit euren Kindern über den Inhalt. Im Anschluss dürfen die Kinder dann aber auch wieder abschalten, die Nachrichten wieder ganz vergessen und die Dinge tun, die sie ablenken und Spaß machen.

Führt euren Alltag ganz normal weiter

Trotz der dramatischen Situation in der Ukraine ist es wichtig, sich Auszeiten zu nehmen und sich bewusst abzulenken. Hier könnt ihr gemeinsam mit euren Kindern überlegen, welche Dinge euch gut tun. Etwas Positives, auf das sich die Kinder freuen, ist in solchen Zeiten extrem wichtig. Denn letztlich hilft es niemandem, immer zu grübeln und sich Sorgen zu machen. Gerade ihr als Eltern, müsst euren Kindern zeigen, dass der Alltag normal weiter läuft, denn das gibt den Kindern die notwendige Sicherheit, das ist sehr wichtig.

Was Ihr tun könnt, wenn die Situation zu Belastend wird

Menschen und vor allem unsere Kinder, reagieren sehr unterschiedlich auf die Katastrophenmeldungen-und Bilder. Einige Dinge können helfen, mit den Gefühlen wie Ohnmacht und Angst umzugehen. Nachfolgend einige Anregungen, sowie Erste-Hilfe Tipps für den Akutfall für Erwachsene und Kinder.

- Mit anderen darüber sprechen
- Ein Bild malen
- Realitäts- – Check
- Ablenkung
- In Geschichten eintauchen
- Nachrichten und Social Media Pause
- Singen
- Wasser trinken
- Atemübungen

Mit anderen darüber sprechen ist das erste was man machen sollte. Man fühlt sich befreit. Ein Bild zu malen, über die Situation wirkt auch befreiend und man kann es gemeinsam mit dem Kind, nachdem man über die Schlimme Situation gesprochen hat, zerreißen und wegschmeißen. Realitätscheck, heißt, man sollte darüber nachdenken, wie real es wirklich ist, wie weit es entfernt ist. Sich ablenken, zum Beispiel schwimmen gehen, in den Wald spazieren gehen. Lest schöne Bücher mit Tieren oder Phantasie-Figuren, Märchen. Überlegt, was ist Fake-Nachricht oder nicht, geht auf die Spurensuche ob diese Nachricht stimmt. Gemeinsam singen, es macht Spass, am besten schöne Lustige Lieder. Wasser trinken, dabei kann man lustige Sachen machen wie zum Beispiel Wasser Weit spucken. Es gibt viele verschiedene Atemtechniken zu üben.

Meine Meinung ist es, man produziert keine Waffen mehr. Dann kommt auch kein Krieg mehr zustande. In den Spielzeugläden gibt es ja mittlerweile Plastik Spielzeugpistolen die einer echten ähnlich sehen und man diese nicht mehr auseinander halten kann. Sollte man verbieten. Kriegsfilme sind in meinen Augen in der heutigen Zeit auch nicht mehr angebracht und dürften nicht gezeigt werden, schon gar nicht am helllichten Tage, wenn die Kinder munter sind. Wenn es keine Waffen mehr gibt, kommen die Kinder auch nicht mehr dazu erst als Spielzeug und als Erwachsener mit einer Richtigen Pistole um herzulaufen. Mit einer Waffe in der Hand fühlen sich viele als die Herrscher.

Die Kinder, die den Krieg miterleben müssen, sind in der Psyche sehr stark verletzt. Das dauert sein ganzes Leben, um einigermaßen normal leben zu können. Trotzdem bleiben die Bilder, für immer, was ihnen passiert ist. Man müsste solche Menschen wegsperren auf Dauer, sowie sie einen Krieg anzetteln und sich nicht darauf einlassen, Frieden herzustellen und keine Kompromisse eingehen wollen, nur um ihre Macht zu zeigen. Die Leidtragenden sind die Kinder, sie haben ihr ganzes Leben noch vor sich. Es ist traurig, dass es Menschen gibt, denen es egal ist, was mit den Kindern passiert. Unsere Kinder sind doch die Zukunft.

Hoffentlich kommt endlich das Ende des Krieges! Euch allen alles erdenkliche Gute! Wie bereits oben geschrieben, freue ich mich wenn ihr einen Termin mit mir Vereinbart und ich euch helfen kann.

Impressum

Dietzmann Inken
Bebelstraße 40
99086 Erfurt
WhatsApp: 0152/56041173
E-Mail:dietzmanninken18@gmail.com
Internet: www.dietzmanninken.com